小小媒介掌舵人

xiao xiao mei jie zhangduoren

北京开思明传媒文化有限公司 编

◎ 张开 等编著

中国广播影视出版社

目 录

第一单元 我的媒介日记

小朋友们，知道什么是媒介吗？
大家一定会说知道的，比如电视、报纸、广播、手机。
是的，你们的回答正确。
媒介在我们生活中扮演着非常重要的作用，
是我们生活中的伙伴，比如它能给我们讲各种故事，
播放美妙的音乐，看各种好玩的娱乐节目，
我们还能用媒介与朋友们分享我们自己所见所闻，
媒介还能帮助我们解决小问题，回答我们的疑问。
但是，大家知道媒介与我们是什么关系吗？
我们为什么需要媒介？媒介需要我们吗？
媒介的信息都是健康的吗？
都是有用的吗？

我们的探索地图在这里！

第一课 我和我的广播电视

学习目标

1. 了解广播和电视的定义
2. 谈谈广播电视与我们的关系
3. 聊聊广播电视的功能

go! study

同学们，你们家都有电视机和收音机吗？你们常常打开电视机、收听广播吗？为什么家家户户都会拥有电视机和收音机呢？你们能说说广播电视与我们的生活有什么关系吗？

我们探索之旅的第一站将要帮助小朋友们解答以上问题。我们将从这里出发，一起探索新闻的斑斓世界。

想一想

以下哪些是广播电视节目，说出你的理由？

“王者荣耀”游戏界面

□ 是　　□ 否

电视剧《三生三世十里桃花》

□ 是　　□ 否

北京晨报

十二届全国人大二次会议发言人傅莹答记者问

重点解决“法律管不管用”

民告官阻碍将排除

代表不得相互宴请

《北京晨报》头版

□ 是　　□ 否

动画片《熊出没》

□ 是　　□ 否

新闻节目“新闻联播”

□ 是　　□ 否

综艺节目《奔跑吧兄弟》

□ 是　　□ 否

学一学 知识小贴士

1. 广播电视的定义

广播电视是通过无线电波或通过导线向广大地区播送音响、图像节目的传播媒介，统称为广播。只播送声音的称为声音广播；播送图像和声音的称为电视广播。

节目是广播电视的基本单位，也是指电台或电视台播出的广播电视作品。

2. 广播电视节目的分类

根据不同的分类标准，广播电视节目可以分为不同的类别。

按节目内容分类
- 新闻节目
- 教育节目
- 文艺节目
- 服务节目

按播出时间分类
- 早间节目
- 午间节目
- 晚间节目

按节目题材分类
- 政治题材节目
- 经济题材节目
- 文化题材节目
- 军事题材节目
- 科技题材节目
- 体育题材节目

按节目播出形式分类
- 现场直播式节目
- 实况录像式
- 直播与录像节目结合式

练一练

广播电视与生活息息相关。请同学回忆一下自己最近看过的五个电视节目，分别进行归类，写下来，并与同学交流。

连一连　广播电视与我

同学们已经知道什么是广播电视了，那么请你想想广播电视是你生活中的伙伴吗？

- 广播电视是我的新闻来源
- 广播电视是我的快乐源泉
- 广播电视是我孤独时的伙伴

……

请同学们想一想，你生活当中什么时候最需要广播电视？

连连看通过收听广播、观看电视，你收获了什么？

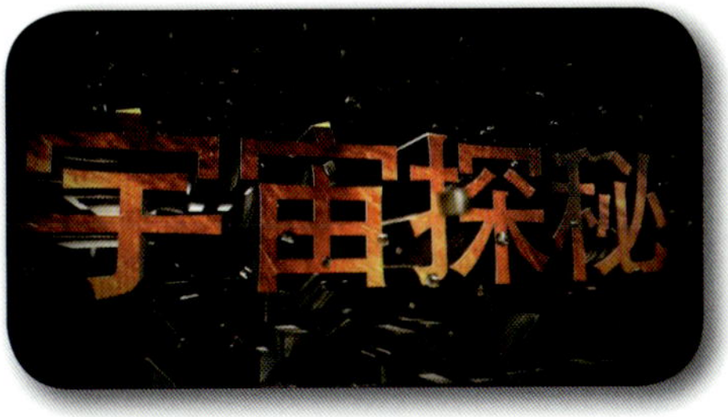

纪录片《宇宙探秘》

CCTV-13的新闻节目

动画片《喜羊羊与灰太狼》

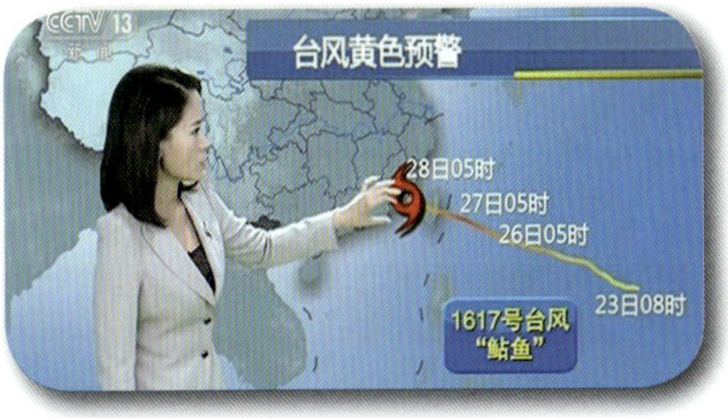

天气预报

获得了信息

开阔了视野

得到了快乐

提供了便利

广播电视和我们每日的生活息息相关，它连接了我们与社会。

- 广播电视可以沟通情况、提供信息，它就像信息“龙头”，一打开它，各种信息像自来水般源源涌来。
- 广播电视可以传播知识、开阔眼界，广播电台和电视台每天播放的节目包罗万象，天文地理、古今中外，几乎无所不包。
- 广播电视可以提供娱乐、丰富生活，人们可以自由自在地通过电视屏幕饱览大千世界，享受免费的娱乐。
- 广播电视可以为你服务、方便群众，它为群众的日常生活、工作提供咨询和便利，例如天气预报、商品广告等。

第二课 我和我的手机

学习目标

1. 认识手机的功能
2. 了解使用手机存在的潜在风险
3. 学会正确处理手机与生活的关系

go! study

手机在我们的生活中扮演着越来越重要的角色。同学们对手机都不陌生，那么你们知道手机在带来便利的同时也隐藏着一些风险吗？你们能正确应对手机带来的负面影响吗？

本课我们将带领大家认识手机的功能和潜在风险，帮助大家学会健康使用手机，正确协调手机与生活的关系。

找一找

阅读《小明妈妈的一天》这则故事，画出小明妈妈都使用了手机的哪些功能？

小明妈妈的一天

早上6:30，小明妈妈关掉手机闹钟，起床为小明准备早餐。由于妈妈今天有事不能送小明上学，于是妈妈用手机APP为小明预约了一辆出租车。为了安全起见，小明上车后妈妈用手机拍下了出租车的车牌号。

稍作休息后，妈妈打电话给中午要来家中做客几日的姑姑，确认了姑姑的到达时间。

去机场接姑姑的途中，通过手机，妈妈一边听着她最欢喜的《青花瓷》，一边发邮件处理工作。抵达机场后，由于天气原因航班晚点，妈妈打开了爸爸推荐的手机游戏，开始玩了起来。

中午，妈妈根据手机美食软件做了姑姑最爱的糖醋排骨。饭后，妈妈为姑姑网购了一套睡衣。

晚上，妈妈在小明班级微信群中查看了班主任发布的家庭作业。在看完今日更新的网剧后，妈妈便洗澡休息了。

闹钟功能

学一学

手机功能ABC，手机的功能多种多样，最基础的功能有：

打电话　听音乐　社交　拍照　学习、工作　上网　玩游戏

写一写

聪明的同学们，你们还知道手机的哪些功能？补充在方框中吧！

- 在我们现在使用的智能手机上，除了手机原始系统自带的软件，我们的大部分需求需要APP来满足。
- APP，是英文APPLICATION的缩写，一般指手机软件，即安装在智能手机上的客户端软件。
- 在各类手机应用商店里，我们可以下载各种各样的软件资源。手机软件的开发人员也可以上传自己制作的手机软件。

对此感兴趣的小小发明家们，不妨在未来的学习中多关注这一领域。

手机具有以上这么多功能，但是使用手机也存在潜在风险。看看下图，问问自己遇到以下情况，你会怎么处理？

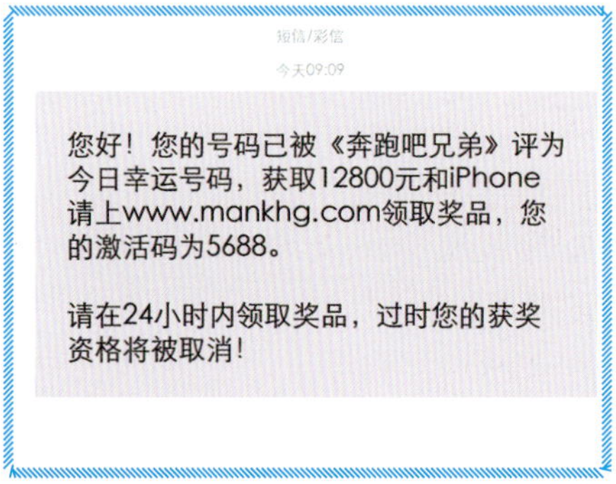

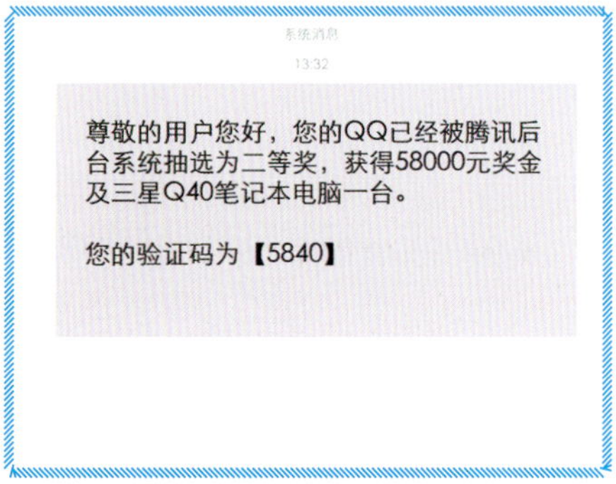

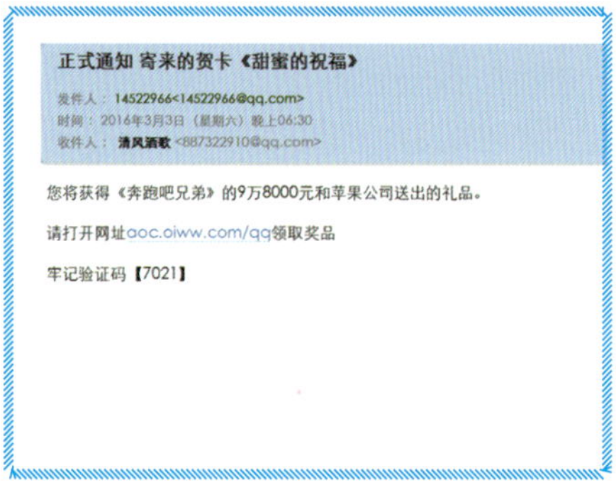

认识常见的手机短信诈骗手法：

- “中奖”型
- “意外事故”型
- “商场刷卡消费”型
- “高薪招聘公关”型
- “骗取话费”型
- “骗取汇款”型

手机使用48字宝典

网址链接，轻易不点；
涉及金钱，留个心眼；
网上测试，保护隐私；
位置信息，提防泄露；
二维扫码，马虎不得；
蓝牙WIFI，谨慎连接。

议一议

请观看图片，小组讨论以下问题。

你或身边的人在生活中有过类似的手机使用行为吗？你认为这些手机使用行为存在哪些问题？说明理由。如果你在生活中遇到有上述行为的人，你会怎么做？

写一写

手机生活用处多，使用规则我来写！

通过学习，我们已经了解到不正确的手机使用行为，可能会给自己和他人造成不可挽回的危害。

让我们争做媒介素养小使者，小组合作编写手机使用规则，和同学家长一起遵守吧！

手机使用规则

1. 走路途中不玩手机

第三课 我和我班的墙报

学习目标

1. 了解墙报的定义

2. 明白墙报和板报的关系

3. 知道墙报、板报的作用

go! study

同学们，当我们走进校园，路过走廊，走进教室的时候，我们随处都可以看到我们的作品，这些作品都在什么地方？贴着我们作品的地方叫什么呢？它们有什么作用呢？

好，让我们一起进入今天的主题“我和我班的墙报”！

请同学们说一说你对墙报有哪些了解？

辨一辨 同学们，下面都是墙报吗？为什么？

学一学

知识小贴士

1. 墙报是什么？它和板报有什么关系？

墙报：是指种常用手写或打字机打的单张纸，通常贴在布告栏内或墙上。

板报：是指以固定或移动的黑板作载体，用粉笔或广告颜料作书写绘画工具的普及性宣传阵地，具有容易擦洗、修改、更换的优点，是最经济、最方便、最常见的一种宣传形式，广泛用于中小学、部队、大专院校和厂矿企事业单位。

2. 好的墙报、板报具有什么特点？

色彩美：主要是指色彩搭配要和谐，这会使人的视觉和人的精神世界产生愉悦感。在墙报、板报设计中，标题、正文、图片、线框、刊头等要素的色彩运用要注意搭配和谐。和谐的色彩搭配有3种常见的形式：同色系颜色搭配、相邻颜色搭配、补色搭配。

结构美：主要指在设计布局中，要注意板式、格式、样式之间的统一。同时，既要注意整体性，也要突出重点。

内容美：主要是指内容的选取要符合主题，文字的表述要恰当合理，生动活泼。

3. 墙报、板报的功能是什么呢？

其实，墙报和板报都是与我们学习、生活息息相关的一种媒介形式。

传递信息：墙报、板报既可以传递学校方面的有关信息，同时也可以展示我们自己的成果和创作，传递属于我们的信息。

传承文化：在特定的节日中，墙报和板报可以作为我们展示传统文化、校园文化的一个平台、一种工具。

陶冶情操：在我们进行墙报、板报的设计、创作过程中，这其实也是在升华我们的精神世界。

创造环境：好的墙报和板报可以创造良好的班级环境，为我们营造良好的学习氛围。

赏一赏

同学们，你认为下列的墙报、板报好不好？为什么？

想一想

做一做

请以“珍惜时间”为主题，为你们班级设计墙报或板报。把你认为必须具备的要素写在下面空白处。

媒介故事园 媒介ABC

“我的好伙伴——媒介”

游戏一：我的小墙报

主题：看电视、看手机会伤害眼睛吗?

活动内容和要求：

每个小组根据墙报主题，用身边的事例和查找的知识，设计一个班级墙报。

墙报做好后，小组成员需要向大家讲解为什么要用墙报的方式来讲健康使用媒介的故事。

游戏二：文明上网知识竞赛

主题：做个小小好网民

全班同学分两个小组，小组A和小组B。

小组A和小组B各出竞赛题20道。

A小组同学向B小组提问，B小组同学回答。

B小组同学向A小组提问，A小组同学回答。

两个小组分别出一名评审，公布比赛结果。

第二单元 我的玩伴：动画与漫画

动漫是小朋友们生活中亲密的小伙伴，
陪伴大家度过了无数的欢乐时光。
机智的喜羊羊、狡猾的灰太狼、懂事的胡图图、
调皮的蜡笔小新、万能的哆啦A梦、聪明的柯南、
可爱的樱桃小丸子，这些鲜活的动漫人物
都是大家最熟悉的朋友吧。
但是，大家知道都有什么类型的动漫吗？
他们是真的吗？
他们又是怎么出现在屏幕上的呢？

我们的探索地图在这里！

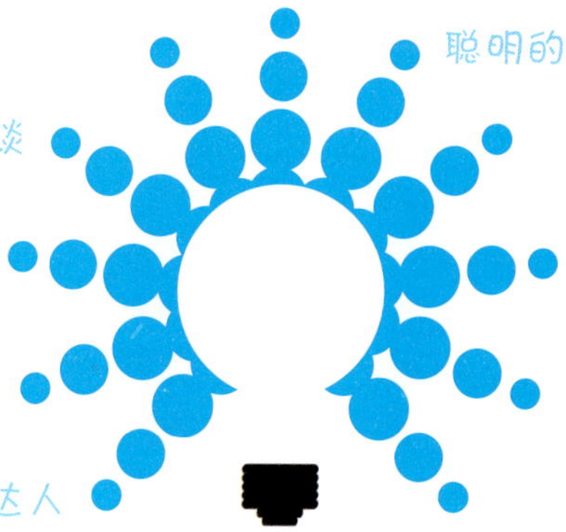

聪明的动漫故事小读者

动漫大家谈

动画片出炉记

我是动漫小达人

第一课 动漫大家谈

学习目标

1. 初识动画、漫画的基本定义
2. 了解动画、漫画的作用
3. 说说动画、漫画的分类

go! study

同学们，你们有看动漫的习惯吗？你们知道什么是动漫吗？你们能说出动漫与我们的生活有什么关系吗？

我们的探索之旅的第一站将要帮助小朋友解决以上问题。我们将从这里出发，一起探索动漫的奇妙世界。

玩一玩

你演我猜

游戏规则：请一位小朋友上台，根据老师提供的词语（动漫人物）进行表演，另外的小朋友根据他的表演来猜答案，表演过程中不能出声，尽量通过肢体语言表达。游戏限时一分半钟。请把你猜到的答案写在下面的框里。

通过以上练习，动动脑筋思考一下：

- 刚才游戏里提到的，哪些是动漫里的，哪些不是？你的依据是什么？
- 你觉得什么才是动漫呢？你喜欢海绵宝宝、哆啦A梦吗？
- 你认为动漫有哪些类型呢？

通过以上思考，聪明的你是否已经知道什么是动漫了呢？

学一学

知识小贴士

动漫的定义：

动漫是动画和漫画的合称与缩写。其中，漫画通常是以书刊的形式与大家见面，它轻松幽默、易阅读、读者年龄广。而动画，顾名思义便是可以活动的连环画剧。

随着现代传媒技术的发展，动画和漫画之间联系日趋紧密，两者常被合称为“动漫”。当今世界形成了以美国和日本为首的动漫局面，其中日本尤为突出，日本动漫已成为其国家文化的代表之一。美国动漫也很有名，以迪士尼为首，创造着雅致的画廊。

说一说

请同学们观看下面的图，并且讨论：看着这些图，你有什么感受？

讨论区

想一想

同学们已经知道什么是动漫了，那么尝试着回想一下自己的日常生活吧！

- 看完前面的图片，你是否感到害怕？
- 你认为动漫对你有什么影响？
- 你认为动漫的作用是什么？

学一学

知识小贴士

1. 动漫的作用

积极作用：

- 第一，有助于缓解青少年心理压力。
- 第二，有助于引导青少年形成积极人生观。
- 第三，有助于青少年重视交流，培育团队精神。
- 第四，有助于青少年课外知识的普及。

消极作用：

- 第一，部分青少年过度沉溺于动漫世界。
- 第二，部分青少年盲目模仿动漫角色的不良行为。
- 第三，暴力画面不利于青少年身心健康发展。

2. 动漫的分类

按照动漫内容，动画、漫画可以被分为以下的类别：

少女系列：

少女动漫是指以 12 ~ 18 岁的少女为主要观众的动漫，内容大多都是纯真而美好的故事，多数渲染的是浪漫理想的爱情。

举例：《狼少女与黑王子》《美少女战士》《流星花园》《魔卡少女小樱》等。

热血系列：

热血动漫主角多是少年，人物形象鲜明，剧情引人入胜，讲述主角及其伙伴一路成长为梦想奋斗的经历。梦想、友情、战斗是热血动漫的三大主旨。

举例：《海贼王》《犬夜叉》《银魂》。

悬疑推理系列：

悬疑推理动漫是以推理方式解开故事谜题的一种动漫，带有悬疑色彩，由推理小说衍生而来。

举例：《名侦探柯南》《金田一少年之事件簿》《美食侦探王》《城市猎人》。

搞笑系列：

搞笑动漫，就是搞笑的、有趣的，能让人发笑的内容。搞笑漫画的人物表情一般都很夸张。搞笑漫画注重从生活和平常中发掘快乐，以此作为人们工作之外的放松和调节。

举例：《喜羊羊与灰太狼》《熊出没》《樱桃小丸子》《蜡笔小新》。

运动系列：

运动动漫，又称体育类动漫，其题材一般是篮球、足球、网球等各种类型的体育运动，主要是对运动的刻画。

举例：《围棋少年》《灌篮高手》《网球王子》《花舞少女》。

科幻魔幻系列：

科幻魔幻动漫以科幻、魔幻故事为题材，主要是描述虚幻的内容。

举例：《邋遢大王》《未来日记》《哆啦A梦》《蜘蛛侠》《绿巨人》。

第二课 聪明的动漫故事小读者

学习目标

1. 学会区分动画、漫画与现实的差别
2. 了解动漫吸引人的地方

go! study

在探索第一站，我们知道了什么是动漫以及动漫与我们的关系。既然动漫在我们的社会和生活中扮演如此重要的角色，那么同学们在接触动漫的时候，有哪些需注意的问题呢？

让我们带着问题继续我们的探索之旅，一起进入第二课去揭开动漫的神秘面纱吧！

找一找

请同学们分成四人小组，每个小组选取下面这些动漫人物中的任意一个，在现实生活中找一个原型（不仅要长得相似，如果有超能力，必须找出现实生活中同样拥有这类超能力的人），看看能否找到？如果能找到，请同学们对比现实世界和虚拟世界中的角色有什么相同和不同？

动漫人物 1

动漫人物 2

动漫人物 3

动漫人物 4

动漫人物 5

动漫人物 6

动漫人物 7

动漫人物 8

请同学们将讨论结果整理出来，看看有什么发现呢？

想一想

请分析以下的动画人物或场景，你觉得这些人物或场景有可能存在在真实生活中吗？为什么？

动画片中的羊会说话，狼会拿铁锅打人

存在（ ）　　不存在（ ）

人的胳膊能像皮筋一样随意伸长、缩短

存在（ ）　　不存在（ ）

人可以像柯南一样吃了药之后能随意变成大人或小孩

存在（ ）　　不存在（ ）

任意门可以让人立刻去到想去的地方

存在（ ）　　不存在（ ）

图图的妈妈生气时头发会变成火焰

存在（ ）　　不存在（ ）

灰太狼吃羊的时候都会先用锅煮

存在（ ）　　不存在（ ）

“火眼金睛”小贴士

通过刚才的讨论，相信聪明的你已经发现了：同学们很难在现实生活中找到一个跟动漫人物一模一样的原型。动漫里出现的超能力、奇怪的外形，现实世界并不存在。动漫里展现的事物有虚有实。所以，我们必须要保持清醒的判断，拥有一双能够辨别动漫与现实之间虚与实的小读者。

谈一谈

讨论：你喜欢看动画、漫画吗？动画、漫画里什么最吸引你？

学一学

知识小贴士

受欢迎的动画片、漫画一般包含以下三个要素：

第一：

故事好。故事是动画、漫画的灵魂。一部受欢迎的动画片和漫画作品，必须是很会讲故事的。故事能不能打动观看者，能不能让观看者产生共鸣，能不能调动观看者的情绪，是作品成功的关键。

第二：

色彩好。色彩是动画、漫画的调味料。色彩对于动画来说至关重要，如果芭比娃娃是黑白的，那么她可能不如贝蒂漂亮。如果汽车总动员是黑白色的，那应该是很乏味的吧。吃东西讲究色香味俱全，哪一顿视觉大餐也一定少不了色彩的功劳。对于漫画来说，彩色漫画一般会比较容易吸引人的眼球。而即使是黑白漫画，也一定会有不同色调、色彩层次的变化。

第三：

人物设定好。人物设定是动画、漫画的闪光点。好的动画、漫画人物往往是经久不衰的，而且可以作为独立的一部分来创作。宫崎骏的动画人物给人一种无辜、单纯、幸福的感觉，很干净。迪士尼的经典动画角色更是不计其数：米老鼠、唐老鸭、白雪公主，还有大力水手、啄木鸟伍迪、猫和老鼠，都是小朋友们熟知的。

第三课 动画片出炉记

学习目标

1. 了解有哪些动画、漫画的制作要素

2. 了解动画、漫画的制作流程

3. 尝试自己制作动漫

go! study

通过以上的学习，我们知道了什么是动漫、动漫的功能以及如何分辨动漫，那么同学们一定很好奇动漫是如何生产的。

让我们一起探索动漫的出炉记吧！

想一想

- 你们看过的动画、漫画都有哪些制作要素？
- 你们知道动画、漫画的制作流程是什么吗？

看一看

请同学们带着上述问题观看视频。

名侦探柯南剧场版——《沉默的15分钟》

《名侦探柯南：沉默的15分钟》是根据日本漫画家青山刚昌创作的漫画《名侦探柯南》改编的系列动画电影中的第15部作品。影片讲述了柯南为了查明地铁隧道爆炸案和在雪原发现尸体的案件之间关联而展开巧妙推理的故事。影片于2011年4月16日在日本首映，2011年7月8日起在中国台湾地区上映，2011年11月4日起在中国大陆地区上映。此影片是《名侦探柯南》系列动画电影15周年纪念作品。

观后感

学一学

知识小贴士

动画的制作要素：

人物　情节　画面　色彩

制作要素一 人物

人物设定是动画、漫画的闪光点。举例：

经典动画片《葫芦娃》里，七个主人公虽然长得差不多，但是性格、绝技都各有不同。因为对几个主要人物的生动刻画，这一部动画片才如此成功。

大娃（红娃）——力大无穷，巨大化。

二娃（橙娃）——千里眼，顺风耳，灵活聪明，机敏过人，最善于谋划。

三娃（黄娃）——铜头铁臂，钢筋铁骨，刀枪不入。

四娃（绿娃）——喷火，吸火，霹雳。

五娃（青娃）——吸水，吐水，口吐闪电，能降雨。

六娃（蓝娃）——隐身术，透体术，来无影去无踪，聪明机灵。

七娃（紫娃）——最小，备受哥哥关爱，有宝葫芦，可以吸入兵器和妖怪。

制作要素二 情节

故事情节是动漫作品必不可少的要素。

举例：在《樱木花道》里，就主要讲述了毫无篮球基础的樱木花道参加篮球队，凭借天生的潜质和不服输的精神，逐渐成长为湘北篮球队主力球员的故事。整部作品围绕着这一个主要线索展开，对于少年的成长这一情节的刻画是《樱木花道》取得成功的不可或缺的要素。

制作要素三 画面

对于动漫观看者来说，精美的画面是必不可少的。2016 年底在中国上映的动画电影《你的名字》就因为精美的画面制作受到欢迎。

制作要素四 色彩

色彩和画面像两个好兄弟，往往是相伴同行的。精美的画面会吸引眼球，美好的色彩则会让人感到愉悦。

此外，动画的制作要素还包括动作、音乐等。在此基础上，漫画的制作比较简单，最重视人物、情节和画面，不需要音乐。

动画片出炉记

有了上面的要素，按以下流程就能制作出一个动画作品了！

构想一个有趣的故事

根据故事画出分镜头脚本

添加色彩

进一步制作成手翻书形式的作品

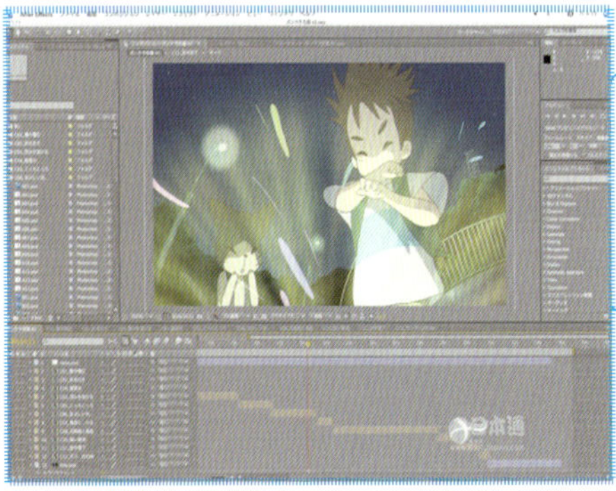

后期制作

后期配音

了解了动画的制作流程以后，我们在一起来看看漫画的制作流程吧！

（本流程中涉及到的漫画来源于百度经验，网址为 HTTPS://JINGYAN.BAIDU.COM/ARTICLE/E6C8503C60E4A8E54E1A1867.HTML）

构想一个有趣的故事

按比例规划每一格的大小

设计出有趣的故事主角

进一步画出每一格的图画

上色

加上文字

看一看

请同学们观看视频，具体了解动画的制作流程，并谈谈你的观后感。

媒介故事园

我是动漫小达人

“动画小达人”评选活动

活动规则：

请小朋友们分成小组，每个小组构思一则动画故事或者漫画故事，并且将这个故事以作品的形式展现出来。

（作品的形式不限，包括：自编自导自演的动画小视频；剪辑网络上已有的素材来讲述故事；通过多幅漫画的形式来展现故事等。）

故事脚本设计：

主要人物	
故事情节	
根据情节画出相应的画面（可另附纸）	
为画面上色，并找到背景音乐	

展示你们的作品并现场讲述你们的故事

第三单元 我的购物向导：美丽广告

小朋友们，当你们去超市的时候，在选择零食时
有没有注意到零食包装上的广告呢？
你会因为广告而选择某个零食吗？
环顾我们的生活，广告无处不在。
乘坐地铁，有各种公益广告，买衣服和鞋子也会受到广告影响……
但是同学们，当你吃麦当劳或肯德基的时候，
你觉得吃到的汉堡和图片上的一样吗？
有没有想过为什么会不一样呀？
有没有好奇过广告是怎么制作的呢？
本单元将带领大家走进广告的世界，
让大家更好地利用广告，使其更好地成为我们的购物指南。

我们的探索地图在这里！

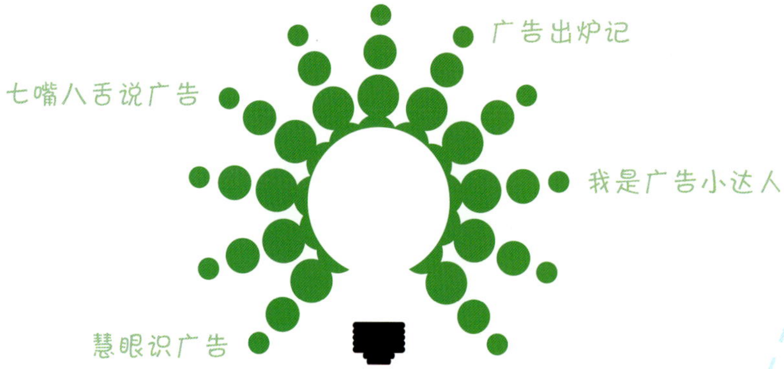

第一课 七嘴八舌说广告

学习目标

1. 了解广告的定义
2. 知道广告的分类
3. 清楚发明广告的原因
4. 明确广告对我们的用途

go! study

同学们，你们在看动漫、电视剧甚至是玩手机的时候观看过广告吗？你们知道什么是广告吗？你们能说出广告对我们的生活有什么影响吗？

我们的探索之旅的第一站将要帮助小朋友解决以上问题。

想一想 下面哪些是广告？

百事可乐创意广告

☐ 是　　☐ 否

名侦探柯南

☐ 是　　☐ 否

叙利亚难民小孩死亡

☐ 是　　☐ 否

环保公益广告

☐ 是　　☐ 否

植入广告

☐ 是　　☐ 否

疯狂动物城海报

☐ 是　　☐ 否

做做以上练习，动动脑筋思考一下：

以上列举的内容，哪些是广告，哪些不是广告？你的依据是什么？你认为广告都有什么特点？

通过以上的思考，聪明的你是否知道广告是什么了呢？

学一学

知识小贴士

1. 什么是广告？

一般来说，广告有广义和狭义之分。现代广告的广义概念是与信息社会紧密相联的一个历史范畴，它是维持与促进现代社会生存与发展的一种大众性的信息传播工具和手段。具体来说，广告的定义有四个主要概念：

（1）广告是一种商品或观念
（2）广告通常必须付费
（3）广告可以借助媒介平台
（4）广告的目的在于说服你接受商品、想法与观念

2. 广告的分类有哪些？

根据不同的标准，广告可以被分为不同的类别。

按广告的目的划分：

- 商业广告
- 公益广告

按广告发布的媒介划分：

- 电视广告
- 报纸广告
- 杂志广告
- 广播广告
- 户外广告
- 电影广告
- 包装广告
- 网络广告

按媒介的性质划分：

- 印刷广告：报纸、杂志广告
- 电子广告：广播、电视、网络广告
- 户外广告：户外、交通广告
- 直邮广告：通过邮政系统的广告

3. 广告的目的是什么？

我们日常生活中的广告，主要包括商业广告和公益广告，商业广告即用于推广货品、服务或理念的付费公告，其目的在于劝说或告知大众，以引发购买，增加品牌认知或增进产品的区别性。公益广告主要目的是提高大众思想意识，鼓舞人们采取行动，从文化、精神、体制、社会、环境诸多方面促进社会进步。

看一看

请小朋友们观看“好丽友”视频广告，并开动小脑筋，想一想下面的图片都是什么广告？在下边的方框里选出你认为对的答案，可另作补充。

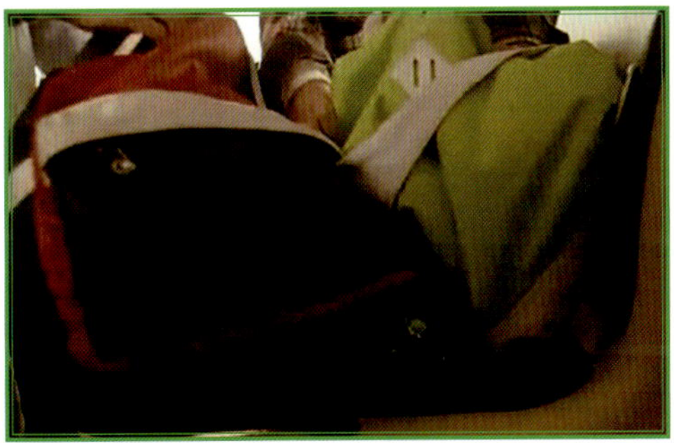

户外广告　公益广告

杂志广告　商业广告

广播广告　包装广告

电视广告

第二课 慧眼识广告

学习目标

1. 知道我们应该如何看广告
2. 明确广告与我们的关系

go! study

通过第一站的探索，我们知道了什么是广告以及广告对我们的影响。既然广告既有正功能，又有负功能，那么我们应该怎么看广告，并且怎么趋利避害呢？

带着这些问题，让我们继续第二站的探索之旅吧，让我们一起来慧眼识广告！

连一连

你知道下面的广告是什么类型的广告吗？试着连一连。

商业广告

公益广告

辨一辨

同学们，你们认为下面的广告有问题吗？为什么？

帮一帮

同学们，小明和小红分别说出了他们日常看到的广告，你能帮他们指出这些广告的不足吗？

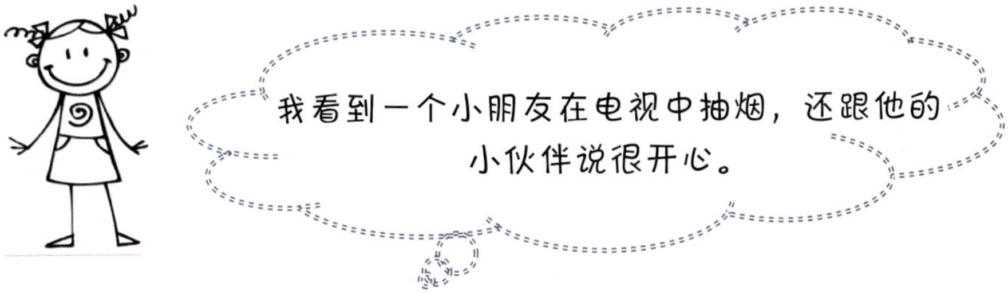

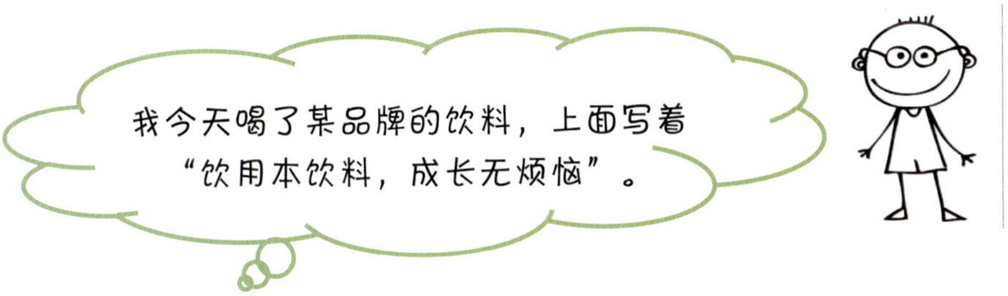

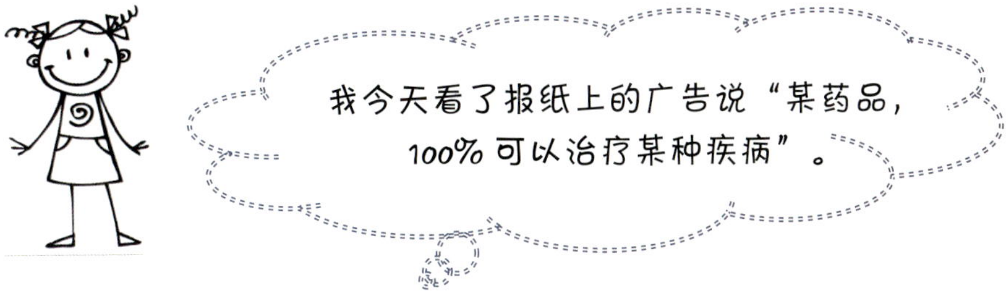

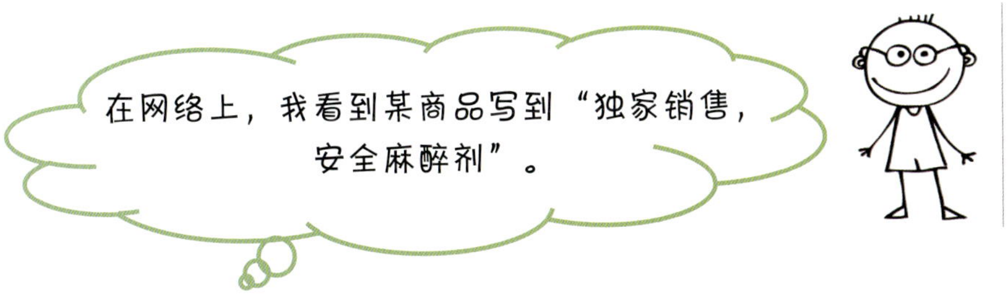

想一想

赏一赏

请欣赏下列广告：

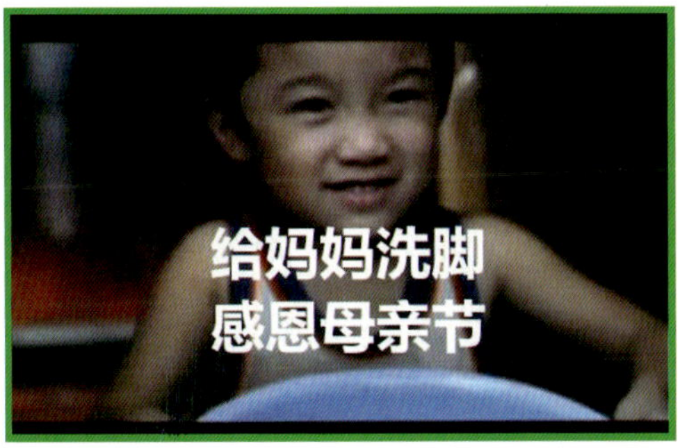
给妈妈洗脚
感恩母亲节

别
让我们的眼泪
成为地球上
最后一滴
水

不要做手机的提线木偶

霾
歡笑
Mirth
Haze
葬
了
Bury
当孩子们失去微笑时
编号：5436572 红动中国 (www.redocn.com) qingzanggaoyuan

请坚决对象牙及象牙制品说：不！
每年大约有25，000头非洲象因人类的象牙需求而惨遭盗猎，近十年来大象的数量已减少了62%。为保护大象，请拒绝购买和使用象牙制品。
没有买卖，就没有杀害
No trade, no murder

装一装

通过上面的广告，你能从中学习到公益广告的知识吗？请将你学到的知识写到下面空白的小书上，看谁可以把书包填得最满。

我是小天才

同学们，在你们看到的广告中，
男孩和女孩通常是什么样的呢？
他们的形象有不同吗？
如果有，思考一下为什么会不同？

学一学

知识小贴士

1. 广告的角色有哪些？

我们的日常生活无时无刻不在充斥着广告，广告扮演着多种多样的角色：
①广告是竞争的利器；
②广告是消费的好参谋；
③广告是重要的信息载体；
④广告是企业的宣传者；
⑤广告是传统文化的传承者；
……

2. 广告的功能有哪些?

广告在我们生活中扮演着重要的角色，它既有正功能，也有负功能：

正功能：

①提供信息参考，为生活提供便利；
②凸显文化与艺术，充实精神生活；
③联系企业和消费者，促进经济发展；
④传承中华文明的优秀传统；
⑤提升社会道德水平；
⑥引起社会成员对重要问题的关注；
⑦养成青少年的公民意识与国家意识。

负功能：

①语言夸张不准确误导消费者；
②广告中对名牌的追求会对我们的文化造成危害；
③过多的虚假广告会对我们青少年发展造成不利影响。

3. 我们应该如何看广告?

广告作为我们生活中不可缺少的一部分，可以成为我们的消费指南，也可以传递传统的精神文明，同时，对企业来说，广告可以为他们带来利润，促进经济的发展，因此，广告有非常重要的积极作用。

但是，广告尤其是商业广告的最终目的是要获取利益，因此，在传播的途中会有夸大、虚假的部分，我们需要警惕广告中的虚假夸大，抵制诱惑，做更理性的消费者。

找一找

请同学们观察身边的广告，将自己最喜欢或者最不喜欢的广告找出来，并告诉同学们你为什么喜欢或者不喜欢这则广告。

我最喜欢／最不喜欢的广告是：____________________

这则广告是：__________________（商业／公益）广告

我喜欢／不喜欢这则广告的原因是：________________

____

____

____

____

____

____

____

____

____

____

____。

做一做

同学们，请完成下面的品牌学习单。

品牌学习单

同学们，你们对各种物品的牌子有印象吗？今天，我们做一个品牌大调查，看谁知道的品牌多。

品牌大调查

我知道的玩具品牌：________________

我喜欢的零食品牌：________________

我知道的球鞋的品牌：______________

我的书包的品牌：__________________

我还知道其他东西的品牌：__________

____

____

____

同学们，当我们写出这么多品牌后，有没有想过大家是从哪里知道的这些品牌呀？品牌的作用是什么呀？

第三课 广告出炉记

学习目标

1. 广告分几步做出来的呢？

2. 广告的传播技巧有哪些呢？

go! study

通过前两站的探索，我们知道了什么是广告以及广告对我们的影响。我们每天面对这么多广告，它们是怎么生产出来的呢？又是怎样吸引我们去看广告的呢？带着这些问题，让我们继续第三站的探索之旅吧，让我们一起见证广告出炉！

玩一玩

同学们，请完成下面的品牌学习单。

游戏规则

请同学们观看《小天才电话手表》的广告，然后全班分为两组进行比赛。给每个小组5分钟的时间围绕上述闯关内容进行讨论，可以参考“自学小字典”，每一关卡实行抢答制，答对加一分，答错不扣分，游戏结束后，分数更多组为获胜组，可以得到老师的小礼物。

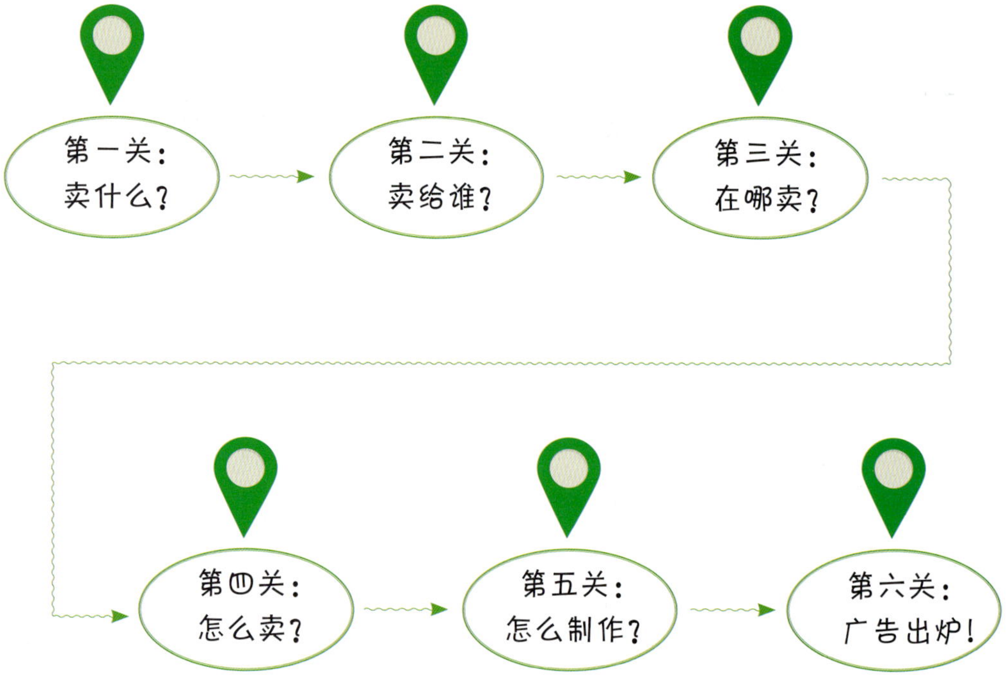

自学小字典

有了上面的要素，按以下流程就能制作出一个动画作品了！

小朋友，你知道吗？并不是所有的商品都可以发布广告的，在制作广告之前，首先要明确自己卖的东西是什么。

第一关：卖什么？

玩具广告主要是卖给小朋友的，书包主要是卖给学生的，那么这里的小朋友和学生就是这些产品的目标受众。

第二关：卖给谁？

广播、电视、报纸、网络、广告牌、印刷品等不同的媒介形式有不同的效果，哪个更适合产品的推广，这是非常关键的问题。

第三关：在哪卖？

广告是用什么魔力吸引我们的呢？名人效应、戏剧冲突、歌曲语言、情感关系等，都是广告常用的方式。

第四关：怎么卖？

广告有三个基本类型：平面广告、影视广告、动画广告。

平面广告通常需要借助电脑软件，例如PS、AI、CI等专门的制图工具。

影视广告需要有专门的团队围绕主题进行拍摄。

动画广告类似于动画片的制作过程。

第五关：怎么制作？

玩一玩

同学们，请大家发挥聪明才智，将下列小动物按生肖排序，放入下面的顺序框中，你将会有重大发现！

拟定广告目标

广告概念形成

选择广告媒体

选择广告对象

商品定位

选择广告代言人

广告表现方式

检测广告效果

1	2	3	4
5	6	7	8

学一学

知识小贴士

1. 广告出炉的步骤

①拟定广告目标：广告目标是一则广告发挥作用的首要前提；
②选择广告对象：即我们一定要明确我们的商品是卖给谁的；
③商品定位：即要明白自己要卖的商品的特点是什么；
④选择广告代言人：合适的代言人会增加广告的吸引力；
⑤广告概念形成：广告概念制定的目的是要改变消费者的行为；
⑥广告表现方式：主要运用出奇、冲击、温馨、精致等创意手法吸引消费者；
⑦选择广告媒体：广告应该根据不同媒体的特点投放，使得消费者能够迅速接触到广告；
⑧检测广告效果：即检测我们的广告是否符合消费者需求。

2. 广告的传播策略有哪些？

①幽默策略：幽默策略的应用可以快速吸引消费者，使得广告很快被大家所熟知。
②名人策略：名人的可信度高、个人魅力强容易引导我们消费、名人的认可度高使得名人经常成为广告代言人，这样可以提高产品的知名度，促进产品的销售。
③情感策略：在广告中运用亲情、友情、爱情等可以烘托广告氛围，引起消费者共鸣。
④夸张策略：通过把广告对象的某些特点和个性加以夸大，使得广告更加生动鲜明和富有情趣。
⑤悬念策略：通过提问、藏尾、连环等方式将广告的故事表现得更加生动。

3. 广告的语言有哪些？

①文字语言：即出现在广告中的文字。
②人物语言：即广告中的人物或者拟人化的物品所说的语言和表现出来的肢体语言。

③镜头语言：即远景、近景、特写，俯拍、平拍、仰拍等镜头的应用。

④色彩语言：即不同的颜色表示不同的意义。例如红色表示热情，蓝色表示悲伤。

⑤音乐语言：通过音乐轻重缓急的节奏来表现广告氛围。

…………

练一练

请同学们观察下列广告，你能指出下列广告用了什么传播策略吗？它们的广告语有哪些？

媒介故事园

我是广告小达人

将全班分为三个小组，其中一组为评委组，由评委组指定需要策划的广告产品，其他组针对此产品做出广告策划，在展示完成后，评委组选择最喜欢的广告作品，并给出选择的理由（评委组可以意见一致，也可以不一致）

写一写

单元小收获

通过这个单元的学习探索，同学们一定已经揭开了广告的神秘面纱，了解了不少与之相关的内容吧。那么，就请同学们完成下列表格，咱们一起做个总结吧~

本单元我所收获的知识有：

我最喜欢的部分：

我觉得最难的部分：

给老师的小建议：

第四单元 我的资讯小灵通：新闻故事

我们的生活离不开新闻，本章将带领同学们进入新闻的世界，
一起探寻有关新闻的奥妙。我们将通过有关新闻是什么、
新闻与我们的关系、真假新闻、新闻制作等问题的探索，
帮助同学们认识新闻、了解新闻，
并学会根据生活事件简单撰写新闻故事。
亲爱的同学们，让我们一起来开始新闻的探索之旅吧！

我们的探索地图在这里！

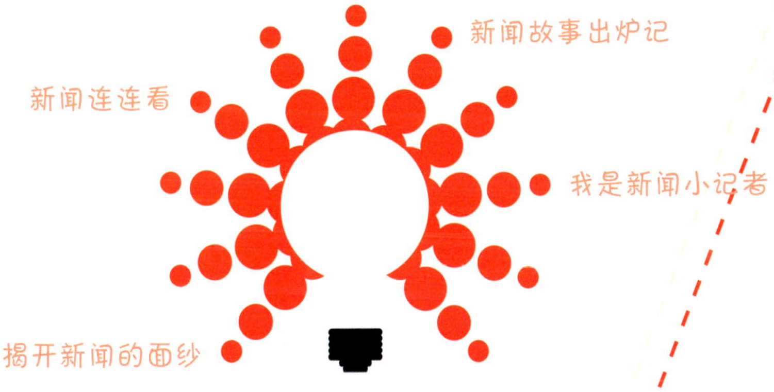

第一课 新闻连连看

学习目标

1. 了解新闻的定义
2. 体会新闻与我们的关系
3. 明确新闻的功能

go! study

同学们，你们有阅读、收听与收看新闻的习惯吗？你们知道什么是新闻吗？你们能说出新闻与我们的生活有什么关系吗？

我们的探索之旅的第一站将要帮助小朋友解决以上问题。我们将从这里出发，一起探索新闻的斑斓世界。

想一想

这些是不是新闻？

CCTV13“整合优势资源，高校聚力精准扶贫”

□ 是　　□ 否

“纯果乐” 国际领先 60 年

□ 是　　□ 否

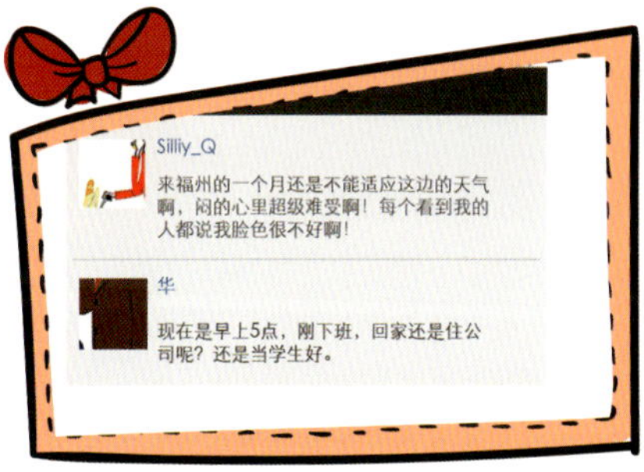

朋友圈发布的信息

□ 是　　□ 否

某主题贴吧的发言

□ 是　　□ 否

RENMIN RIBAO

十二届全国人大五次会议在京开幕

习近平俞正声刘云山王岐山张高丽等在主席台就座

李克强代表国务院向大会作政府工作报告 张德江主持

十二届全国人大五次会议在京开幕

□ 是　　□ 否

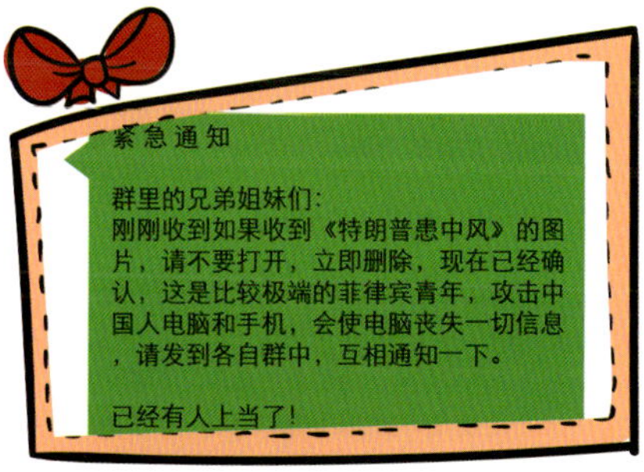

一条微信假消息

□ 是　　□ 否

做做以上练习，动动脑筋思考一下

- 以上列举的内容，哪些是新闻，哪些不是新闻？你的依据是什么？
- 新鲜事是新闻吗？你觉得什么样的事才是新闻？
- 你认为新闻都有哪些特点？

通过以上思考，聪明的你是否已经知道什么是新闻了呢？

学一学

知识小贴士

1. 新闻的定义

“新闻”这个词，至少有三个方面的含义：
一是新闻的实质特征，概括为对新近发生的事实的报道；
二是各种新闻载体的报道形式的总称，包括消息、通讯、特写、报告等；
三是专指消息这种体裁，包括简讯、电讯。

2. 新闻的分类

根据不同的标准，新闻可以被分为不同的类别，开动脑筋填一填吧！

按新闻内容分类：
- 政法新闻
- 经济新闻
- 体育新闻
- 社会新闻

按新闻发生地分类：
- 国际新闻
- 全国新闻
- 地方新闻

按媒介的时间性分类：
- 突出性新闻
- 延缓性新闻

3. 新闻的基本特性

- 真实性
- 及时性
- 新鲜性
- 公平性

除了以上基本特性外，新闻还具有广泛性（报道内容、传播范围都十分广泛）、连续性（定期、连续地报道和传播新闻）等，但上述四个特性是新闻存在和产生的最基本的特性。

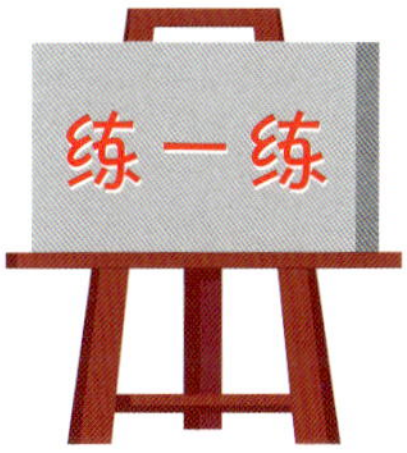

新闻与生活息息相关。请同学们动动脑，找到5条新闻填入下表，并与同学交流。

连一连

新闻与我

同学们已经知道什么是新闻了，那么就回想一下自己的日常生活：

- 你每天看新闻吗？
- 为什么要看新闻？
- 你一般通过新闻了解什么？

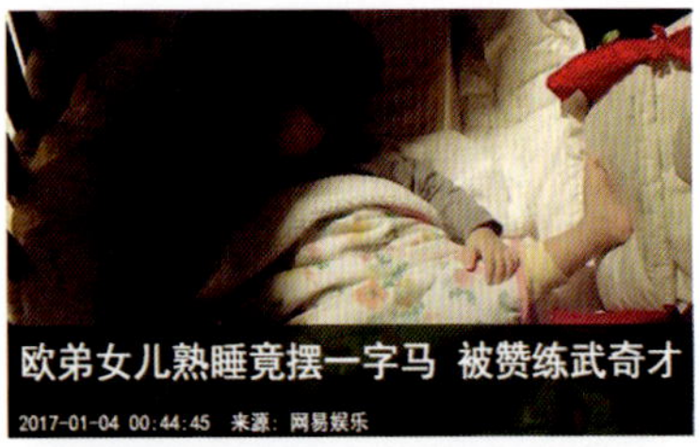

获得了信息

学习了文化

得到了快乐

获取了知识

新闻和我们每日的生活息息相关，新闻连接人与社会。

- 新闻可以提供信息，帮助我们知晓发生在世界各地的大事；
- 新闻可以传播知识，帮助我们学习商业、文化等方面知识；
- 新闻可以提供娱乐，帮助我们放松身心，快乐生活；
- 新闻可以弘扬文化，帮助我们传承传统文化，也可以了解其他国家的文化；

…………

一条新闻的功能并不是单一的，它可以既提供新的信息，传递新的知识，也可以同时放松我们的身心，让我们感到快乐。再好好看看刚才的连线训练，体会一下新闻功能的多重性吧！

第二课 揭开新闻的面纱

学习目标

1. 明白新闻并不等同于客观现实
2. 学会辨别真假新闻
3. 认识新闻选择的影响因素

go! study

在探索第一站，我们知道了什么是新闻以及新闻与我们的关系。既然新闻在我们的社会和生活中扮演如此重要的角色，那么同学们在接触新闻的时候，有哪些需注意的问题呢？

让我们带着问题继续我们的探索之旅，一起进入第二课去揭开新闻的神秘面纱吧！

比一比

观看以下图片，比比谁的个子更高？

□ 女孩更高 □ 男孩更高

□ 女孩更高 □ 男孩更高

事实上……

这是怎么发生的？

同样的两名同学，不同的图片呈现，为什么我们可能得到不同的结论？通过以上的活动，相信聪明的同学们已经领会到新闻同样如此。我们知道新闻是对于事实的报道，但是新闻有如哈哈镜，由于一些原因新闻并不一定完全等同于客观现实。另外，网络上还会出现假新闻，所以，我们要学会思考，学会辨别，学会拥有一双善辨真假的“火眼金睛”。

辨一辨

真假新闻大作战

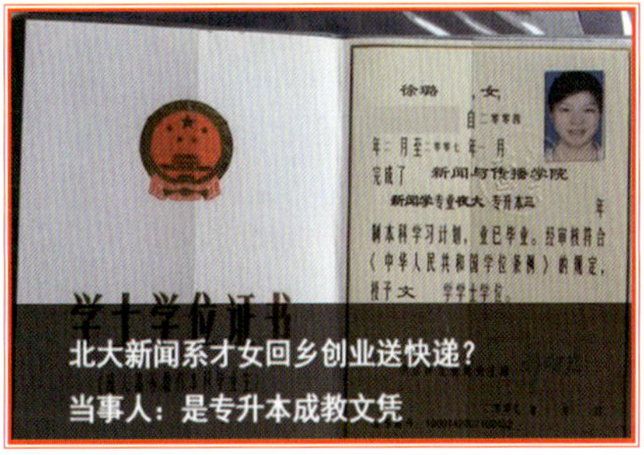

“火眼金睛”小贴士

不要只读标题
留意发布信息的来源
检查发布日期和时间
作者是谁？
检查文中链接及来源
检查可疑的引用和照片
警惕明显的偏向性

练一练

我们已经有了辨别真假新闻的“火眼金睛”，让我们来练一练，把你生活中遇到的真新闻和假新闻摘抄下来，和同学们一起讨论讨论吧！

拍一拍

把生活中遇到的、发现的、混淆是非的新闻图片找出来，或者用自己相机拍出新闻图片，和同学们一起讨论讨论吧。

在班级举行“我是拍照小达人”活动，请大家举起相机，用镜头拍摄最能代表“班级形象”的一张照片，然后展示拍到的新闻图片并解释选择该事件和该拍摄角度的原因，并在班级上进行比较和点评。

游戏目的

通过游戏，希望同学认识到新闻的选择和最终的呈现形式会受到除事实之外其他因素的影响（例如记者个人的理解和偏好）。

为什么对于同一事件不同同学的照片展现了不同的故事？同学们有自己的理解角度，想讲述的故事也不尽相同。对于新闻来说也是一样的，新闻受到商业因素、媒体立场、记者偏好及报道形式局限等因素的影响。所以，在看新闻的时候，我们要保持警惕的头脑，理性辨别新闻的内容。

第三课 新闻故事出炉记

学习目标

1. 了解新闻的生产流程
2. 认识新闻的选择规律
3. 学会写简单的新闻故事

go! study

通过以上的学习，我们知道了什么是新闻、新闻的功能以及如何分辨真假新闻，那么同学们一定很好奇新闻故事是如何生产的。

让我们一起探索新闻故事的出炉记吧！

学一学

新闻故事出炉记

让我们以里约奥运会为例，一起探索精彩的比赛报道如何诞生！

小思考

为什么里约奥运会的报道可以被主流媒体报道？为什么我们班换班主任了，我们家来了美国的朋友，不能成为媒体关注的事件？

知识小贴士

新闻报道的第一步是选择有新闻价值的事件。新闻价值是选择和衡量新闻事实的客观标准，即事实本身所具有的、足以构成新闻的特殊素质的总和。简言之，新闻价值是记者选择新闻事实和报道顺序的一套标准。

新闻价值的要素

- 时效性
- 接近性
- 重要性
- 趣味性
- 显著性

奥运报道出炉记

里约奥运会比赛现场

记者采访傅园慧

记者编写新闻稿件

新闻编辑审核稿件

新闻报道成品

做一做 新闻故事我来写

马 云
TFBOYS
人物
北大教授
傅园慧

北 京
地点
世界互联网大会
里约

发表演讲
ABC
事件
开展学术讲座
举行粉丝见面会
参加游泳比赛

今天早上
时间
2016年9月12日
昨日下午5时
昨天中午

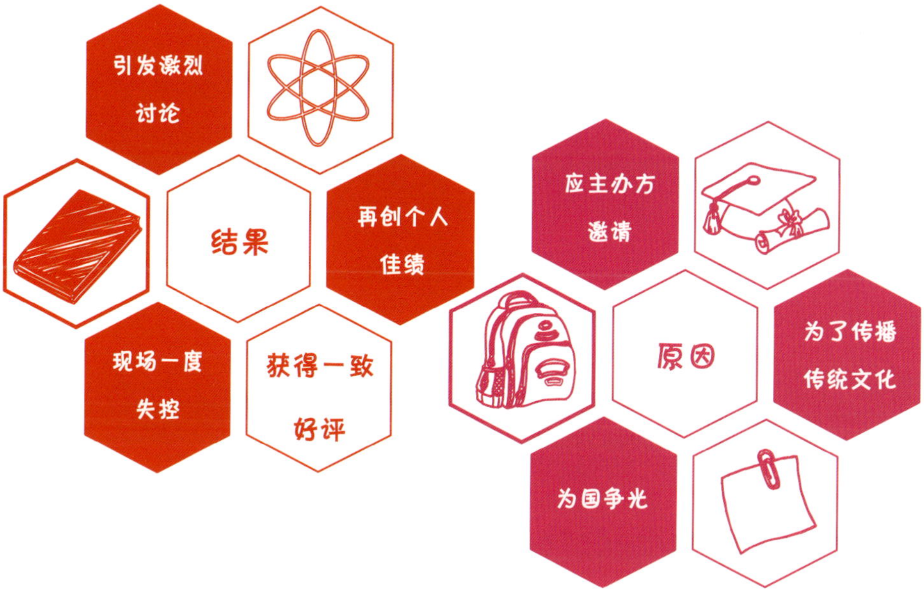

活动规则

- 从给定的“元素魔方”中选择适当元素
- 利用已选元素连成一句话

例：昨天下午，北大教授为传播传统文化在北京开展学术讲座引发激烈讨论。

活动目的

活动旨在让同学们体会一则完整新闻故事应该包含的基本要素。

通过上面的活动，相信你已经对新闻故事的“出炉”顺序有了初步了解，聪明的你是不是也已经知道新闻都有哪些要素了呢？

新闻的六要素

新闻作为一种以叙事为主的文体，它的基本要素和我们语文界常用的记叙文的六要素是一致的，我们把它们概括为“5W+H”，即：

谁（WHO）	人物
何时（WHEN）	时间
何地（WHERE）	地点
何事（WHAT）	经过
为何（WHY）	原因
结果如何（HOW）	结果

从一条具体新闻看，这6个要素是构成新闻的基准因素，但多数新闻往往只包含其中3~4个要素，记者抓住这些要素才能采写成一条完整的新闻。

媒介故事园 我是新闻小记者

活动一 “班级年度人物”评选活动

活动规则

“班级年度人物”评选开始啦！现在有四位候选人，他们分别是：
- 带领大家赢得运动会冠军的体育委员A；
- 稳坐年级第一宝座的“学霸”B；
- 乐于助人的同学C；
- 善于团结人和号召力极强的同学D。

请每个小组选出自己支持的“班级年度人物”一人，并为其撰写报道文章。

活动目的

活动旨在帮助同学练习新闻故事的生产流程，从而加深对新闻的认识。

参考框架

主要人物	
选择原因	
报道角度	个人事迹□ 照片拍摄□ 采访当事人□ 采访老师同学□ 其他
报道形式	文字□ 视频□ 照片□ 黑板报□ 其他
采访记录	
作品展示（可另附）	